BEI GRIN MACHT SICH IHR WISSEN BEZAHLT

- Wir veröffentlichen Ihre Hausarbeit, Bachelor- und Masterarbeit

- Ihr eigenes eBook und Buch - weltweit in allen wichtigen Shops

- Verdienen Sie an jedem Verkauf

Jetzt bei www.GRIN.com hochladen und kostenlos publizieren

Bibliografische Information der Deutschen Nationalbibliothek:

Die Deutsche Bibliothek verzeichnet diese Publikation in der Deutschen National-
bibliografie; detaillierte bibliografische Daten sind im Internet über http://dnb.d-
nb.de/ abrufbar.

Impressum:

Copyright © 2010 GRIN Verlag, Open Publishing GmbH
Druck und Bindung: Books on Demand GmbH, Norderstedt Germany
ISBN: 9783640658473

Dieses Buch bei GRIN:

http://www.grin.com/de/e-book/153581/phaenomen-team-erfolgsgarant-oder-
stolperstein

Dagmar Braun

Phänomen Team: Erfolgsgarant oder Stolperstein?

GRIN Verlag

GRIN - Your knowledge has value

Der GRIN Verlag publiziert seit 1998 wissenschaftliche Arbeiten von Studenten, Hochschullehrern und anderen Akademikern als eBook und gedrucktes Buch. Die Verlagswebsite www.grin.com ist die ideale Plattform zur Veröffentlichung von Hausarbeiten, Abschlussarbeiten, wissenschaftlichen Aufsätzen, Dissertationen und Fachbüchern.

Besuchen Sie uns im Internet:

http://www.grin.com/

http://www.facebook.com/grincom

http://www.twitter.com/grin_com

TECHNISCHE UNIVERSITÄT KAISERSLAUTERN

Distance and International Studies Center

Master- Fernstudiengang „Personalentwicklung"

Hausarbeit zum Thema

THEMA: „Phänomen Team: Erfolgsgarant oder Stolperstein?"

Modul: PE0400 – Methoden der PE I

Eingereicht von   : Dagmar Braun

Abgabedatum   : 31.03.2010

Inhaltsverzeichnis

1   Einleitung

In Organisationen sind Teams von großer Bedeutung, um zur Verbesserung von Effizienz und Leistungsfähigkeit der Organisation beizutragen. Zahlreiche empirische Erkenntnisse weisen darauf hin, dass die Bedeutung von Teams in der Unternehmenspraxis in den letzten Jahren stark zugenommen hat.[1] Teamarbeit gilt z.B. als ein wichtiger Erfolgsfaktor für Innovationsleistungen eines Unternehmens[2] und sie ist trotzdem nicht unumstritten. Forschungsergebnisse eröffnen ein breites Feld an Chancen und Risiken, die Teamstrukturen mit sich bringen können. Mögliche Erfolgsgaranten (Chancen) als auch Stolpersteine (Risiken) sollen in dieser Hausarbeit dargestellt werden. Der Titel dieser Hausarbeit wurde bewusst provokant gewählt, da es bei Teameinführungen in Organisationen gerade innerhalb der Teamentwicklungsphasen[3] zu einem kritischen, emotionalen und entscheidenden Lernentwicklungsprozess kommen kann, denn:

> „…Teamorientierung ermöglicht Prozesse, die die bestehenden traditionellen Strukturen in Frage stellen und jahrzehntelange Gewohnheiten hinterfragen, um so Verbesserungen auf den unterschiedlichsten Ebenen einzuleiten."[4]

Mit der Entscheidung für Teamarbeit stoßen Organisationen eine Entwicklung an, die sich nicht mehr oder nur schwer wieder umkehren lässt. Etablierte Teams und Gruppen lassen sich nur noch schwer nach hierarchischen Vorstellungen steuern und somit verbleibt als einziges Führungsinstrument „Vereinbarung nach Zielvorgaben".

Grundsätzliches Ziel dieser Hausarbeit ist es, mit Hilfe empirischer Erkenntnisse und einschlägiger, wissenschaftlicher Literatur einige wichtige Einflussfaktoren für den Erfolg oder Misserfolg eines Teams herauszuarbeiten, um diese Erkenntnisse bei der praktischen Einführung von Teamarbeit auch berücksichtigen zu können. In Anbetracht der 15 Seiten Begrenzung der Hausarbeit und der Vielfalt an wissenschaftlicher Literatur im Bereich Team wird kein Anspruch auf Vollständigkeit der Faktoren als auch deren Erläuterung erhoben.

Gliederungspunkt 2 dieser Arbeit erläutert die Begrifflichkeiten Team, Gruppe und Teamarbeit. Was wird unter dem Begriff Team verstanden? Kann der Begriff

---

1 Vgl. Gaitanides M./Stock R. (2004), S.70

2 Vgl. Gemünden, H.G./Högl M. (1998), S.6

3 Vgl. Großer, M./ Zarembar, W. (2000), S. 87

4 Stürzl, W. (2001), S. 7

Team und Gruppe synonym verwendet werden? Was ist Teamarbeit? Und welche konkreten Merkmale und Verhaltensweisen verbergen sich hinter der Begrifflichkeit Teamarbeit?

Gliederungspunkt 3 setzt sich mit den Chancen und Risiken von Teamarbeit auseinander. Unter welchen Voraussetzungen können Teams zum Erfolgsgaranten werden? Welche Kriterien und welche empirischen Aussagen gibt es? Welche Risiken birgt Teamarbeit? Gibt es auch „sowohl als auch" Kriterien, die den Erfolg von Teamarbeit beeinflussen?

Gliederungspunkt 4 beinhaltet ein abschließendes Fazit und die individuelle Betrachtungsweise der Autorin in Bezug auf Teams, Teamfähigkeit und Integration des Teamgedankens in die Praxis.

2   Begriffsklärung

Eine Vielzahl an Erläuterungen verschiedener Autoren über den Begriff Team und Gruppe spiegelt auch die unterschiedlichen Ausprägungen (z.B. Teamtypen und Gruppenarten) in der praktischen Gestaltung der Team- und Gruppenarbeit innerhalb von Organisationen wider. Die Begriffe Gruppe und Team werden in der Praxis häufig synonym verwendet, während in der wissenschaftlichen Literatur der Organisationslehre Abgrenzungen und Unterscheidungen der Begrifflichkeiten vorkommen.[5] Mit Team im Vergleich zur Gruppe werden positive Eigenschaften in Verbindung gebracht (z.B. eine stark ausgeprägte Zielbindung der Gruppenmitglieder, verstärkte Kooperation, verbessertes Arbeitsklima).[6]

Trotz der vielen, teilweise in Nuancen sich abgrenzenden Begriffserläuterungen wird davon ausgegangen, dass „jedes Team eine Gruppe, aber nicht jede Gruppe ein Team ist"[7.] Ergebnisse der Gruppenforschung sind deswegen in Bezug auf Verhaltensausprägungen auch auf Teams anwendbar.

Weinert beschreibt das Leistungsergebnis als den entscheidenden Unterschied zwischen Arbeitsgruppe und Arbeitsteam[8], während andere Autoren Merkmale wie z.B. Kohäsion, Interdependenz, Aufgabenorganisation, Interaktion, Partizipation, Normen und Verantwortung etc. als Einflussgrößen für den Synergieeffekt der Teamarbeit angeben.[9]

----

5 Vgl. Rosenstiel, Lutz von/Molt, Walter/ Rüttinger, Bruno (2005), S. 126

6 Ebd., S. 126

7 Guzzo, R.A. (1996), S. 9

8 Vgl. Weinert, Ansfried B. (2004), S. 440

9 Vgl. Gemünden, H.G./Högl M. (1998), S.9

Gaitanides und Stock definieren in Anlehnung an Hackman und Oldham ein Team als den „…Zusammenschluss von mehr als 2 Personen, die auf die gegenseitige Zusammenarbeit angewiesen sind und an der Erreichung eines gemeinsamen Ziels arbeiten."[10]

Weinert versteht unter einem Team „…eine Gruppe, deren Mitglieder komplementäre Fähigkeiten und Fertigkeiten besitzen, die sich einem gemeinsamen Zweck oder bestimmten Leistungszielen verpflichtet haben".[11]

Eine weitaus umfassendere Beschreibung des Teambegriffs erfolgt durch Stürzl:

> „Das Phänomen „Team" bezeichnet als Arbeitsbegriff eine Vielzahl unterschiedlicher Arbeitsformen, denen gemeinsam ist, dass ihnen ein kleingruppenorientiertes Organisationsdesign sowie ein gruppenorientierter Arbeitsstil zugrunde liegen. Ein Team in einer Organisation ist also eine kleine, funktionsgegliederte Arbeitsgruppe mit einer gemeinsamen Zielsetzung bzw. Aufgabe. Ihre interne Kommunikation ist intensiv und von offenen, wechselseitigen Beziehungen geprägt. Teams zeichnen sich darüber hinaus durch eine kooperative Arbeitsform, einen ausgeprägten Gemeinschaftsgeist („Wir- Gefühl") und einen relativ starken Zusammenhalt aus. Teammitglieder verhalten sich wie Mannschaftsspieler oder wie ein Gespann, indem sie sich gegenseitig unterstützen."[12]

Mit der Fülle an Begriffsdefinitionen über Team und Gruppe in der wissenschaftlichen Literatur entsteht ein eher konstruiertes Wissen als eine praktische Hilfestellung für Lernprozesse, die sowohl individuell, als auch kollektiv sind. In dieser Hausarbeit werden die Begriffe Gruppe und Team synonym verwendet, da das von Salas et al. beschriebene „Gruppen- Team-Kontinuum" meines Erachtens nach erläutert, welchen Herausforderungen sich Organisationen und deren Personalentwicklung in der Praxis bei der Einführung, Umsetzung und Etablierung kollektiver Arbeitsstrukturen stellen müssen, ungeachtet dessen, ob diese Strukturen nun Team oder Gruppe genannt werden:

> „At one extreme of the continuum fall highly structured, interdependent teams, and at the other extreme fall teams whose members interact minimally and perform individual tasks in a group context"[13]

----

10 Gaitanides M./Stock R. (2004), S.70

11 Weinert, Ansfried B. (2004), S. 439

12 Stürzl, W. (2001), S. 8

13 Salas et al. (1992), S. 4

Auch für die Begrifflichkeit der Teamarbeit gibt es eine Vielzahl an Erklärungsversuchen. Abstrakt scheinen mir die Ansätze von Homans und McGrath, die Teamarbeit als Maß für die Qualität der Zusammenarbeit definieren, der Teamarbeit selbst aber eine mediierende Rolle zwischen den Variablen des Teamdesigns und den Ergebnissen der Teamarbeit zuweisen.[14]

Högl und Gemünden betrachten Teamarbeit ebenfalls als Maß für die Qualität der Zusammenarbeit und ziehen sechs Merkmale heran, um dieses Qualitätsmaß zu bestimmen: Kommunikation und Information, Aufgabenkoordination, Ausgewogenheit der Mitgliederbeiträge, gegenseitige Unterstützung, Arbeitsnormen und Kohäsion.[15]

Eine allgemeingültige Vereinbarung über Kriterien, die Teamarbeit messbar und empirische Studien innerhalb der Gruppen- und Teamforschung vergleichbar machen, scheint es trotz der Fülle an Literatur und wissenschaftlichem Studienmaterial nicht zu geben. Gemünden und Högl sprechen von einem deutlichen Bedarf an empirischer Forschung zum Themengebiet der Teamarbeit und beziehen sich dabei auf unterschiedliche Autoren.[16]

Trotz dieses „Mangels" an vergleichbarem Forschungsbedarfes konnten wiederholt genannte, charakteristische Merkmale und Erkenntnisse aus Literatur und empirischem Studienmaterial herausgearbeitet werden, die zur Einschätzung der Qualität von Teamarbeit hilfreich sein können und zur Klärung der Fragestellung „Phänomen Team: Erfolgsfaktor oder Stolperstein?" beitragen.

3   Einflussfaktoren Teamarbeit

Im Bereich der Team- und Gruppenforschung gibt es einige wissenschaftliche Erkenntnisse, die sich sowohl mit den Chancen als auch Risiken einer gruppen- bzw. teamorientierten Arbeitsform auseinander gesetzt haben. Dabei ist zu beachten, dass es sich bei Teamarbeit um ein komplexes Konstrukt handelt, dass durch viele Einflussfaktoren sowohl unterstützt als auch in seiner Leistungsfähigkeit geschwächt werden kann.

3.1   Risikofaktoren

Trotz der vielen Vorteile und Chancen, die für Team- und Gruppenarbeit in der Arbeitswelt sprechen, weisen gruppendynamische Forschungsergebnisse auch

----

14 Vgl. Högl M/ Gemünden, H.G. (1999), S.107
15 Ebd., S. 97
16 Vgl. Gemünden, H.G./Högl M. (1998), S.22

auf negative Aspekte und Risiken dieser Arbeitsform hin.[17] Nachfolgende Risikofaktoren können sich, wenn differenzierte Interventionen nicht bekannt sind, zu Stolpersteinen bei der Einführung von Team- und Gruppenarbeit entwickeln.

3.1.1 Einführungszeit

Teambildungsmaßnahmen benötigen Zeit. Wie viel Zeit ist von Fall zu Fall (von Organisation zu Organisation) unterschiedlich. Leider konnten hier keine Vergleichsgrößen (im Sinne von Zeitaufwand zu Output in Form von Effizienz und Effektivitätssteigerung) in der wissenschaftlichen Literatur gefunden werden, da es sich auch beim Organisationsvergleich von Teamarbeit um einen individuellen Lernprozess der spezifischen Organisation handelt. Scholl bezieht sich auf Ergebnisse von Watson, Kumar und Michaelsen, als auch Zeutschel um nachfolgende Aussage zu treffen:

> „...dass einem normativ heterogenen Team genügend Zeit und Unterstützung für den Teamentwicklungsprozess zu geben ist, bevor eine effektive Zusammenarbeit erwartet werden kann.“[18]

„Genügend“ Zeit und Unterstützungsaufwand ist für die praktische Planung und Umsetzung ein dehnbarer und abstrakter Begriff, der nicht mess- und vergleichbar scheint.

3.1.2 Groupthink

Janis sowie Janis und Mann haben in ihren Studien mit Entscheidungsgruppen US- amerikanischer Administration nachweisen können, dass fehlerhafte Entscheidungen aufgrund eines vorhandenen Gruppendenkens getroffen werden.[19,20] Der Begriff „Groupthink“ oder Gruppendenken steht für das Gruppenphänomen, sich bei Entscheidungen dem Gruppendruck anzupassen. Korrigierende Einflüsse von Personen, die außerhalb der eigenen Gruppe stehen werden abgeblockt, eigene kritisch, korrigierende Denkansätze zurückgehalten. Ein direkter Zusammenhang mit der Kohäsionsstärke innerhalb der Gruppe und dem Phänomen des Gruppendenkens konnte durch Folgestudien von Flowers und Tetlock et al. widerlegt werden.[21,22] Entscheidungen in Arbeitsgruppen und

---

17 Vgl. Weinert, Ansfried B. (2004), S. 430

18 Scholl, W. (2005), S.48

19 Vgl. Janis, I.L. (1972)

20 Vgl. Janis, I.L. & Mann, L. (1977)

21 Vgl. Flowers, M.L. (1977), S. 178-185

22 Vgl. Tetlock, P.E. et al, (1992), S 403-425

Teams können von diesem Phänomen beeinflusst werden, falls das Bewusstsein für Gruppendenken bei den Teammitgliedern nicht vorhanden ist und falls dem Team methodische Kenntnisse über gezielte Interventionsmaßnahmen fehlen.

3.1.3 Groupshift

Unter „Groupshift" oder Gruppenpolarisierung wird „eine durch Diskussion hervorgerufene „Extremisierung" der durchschnittlichen Position der Gruppenmitglieder in die anfangs bevorzugte Richtung"[23] verstanden. Diese „Extremisierung" wurde empirisch z.b. durch Lamm nachgewiesen.[24] Hierbei kann sowohl ein „Conservative Shift" (noch vorsichtigere Entscheidung der bereits vorab konservativen Lösung) aber auch ein „Risky Shift" (noch risikofreudigere Vorgehensweise) stattfinden. Bei Gruppenentscheidungen überwiegt die Neigung zu mehr Risiko („Risky Shift"). Die Gründe dafür werden unter anderem darin gesehen, dass Gruppenzugehörigkeit Menschen mutiger und waghalsiger macht, die Verantwortung für Entscheidungen nicht mehr eindeutig zuzuweisen ist und gruppendynamische Prozesse stattfinden („jeder möchte wenigstens so risikofreudig sein wie der andere").

3.1.4 Motivationsverluste

Bei den Untersuchungen der Leistungsvor- bzw. Nachteile von Gruppenarbeit stellte man verschiedene Motivationseffekte fest, die die Leistung einer Gruppe negativ beeinflussen können. Motivationsverluste in einer Gruppe können z.B. durch nachfolgende Phänomene ausgelöst werden:

3.1.4.1 Social Loafing

Unter "Social Loafing" oder sozialem Faulenzen wird die unter anderem von Karau & Williams erforschte Neigung von Personen, sich bei einer Gruppenaufgabe weniger anzustrengen als es der individuellen Leistungsfähigkeit entspricht, verstanden. Der Leistungsrückgang wird von den Beteiligten nicht bewusst eingeleitet oder mit Absicht verfolgt. Die Ursachen dieses Phänomens sind vielschichtig und liegen z.B. in einer fehlenden Messbarkeit der individuellen Ergebnisse, in einer geringen Bedeutung der Aufgabe für den Einzelnen und z.B. auch in einer höheren Bewertung der Gruppenbeiträge anderer im Vergleich zum eigenen, redunanten Beitrag.[25]

---

23 Weinert, Ansfried B. (2004), S. 434
24 Vgl. Lamm, H. (1988), S. 807-813
25 Vgl. Rosenstiel, Lutz von/Molt, Walter/ Rüttinger, Bruno (2005), S. 138

Auch die Größe der Gruppe ist entscheidend. Je größer die Gruppe ist, umso weniger bringen sich die Gruppenmitglieder ein. Weitere Ursachen können z.B. auch in einem Gleichheitspostulat der Gruppenmitglieder liegen (wenn der andere faulenzt, warum soll ich mich dann einbringen?), aber auch kultureller Herkunft sein. In kollektiven Gesellschaften sind die Gruppenmitglieder von gruppeninternen Zielen motiviert, in individualistisch geprägten Gesellschaften häufiger am Selbstinteresse, welches wiederum die Wahrscheinlichkeit des „Social Loafing" Effekts erhöht.[26]

3.1.4.2 Free Rider

Beim „Free Rider" Effekt (übersetzt Trittbrettfahrer) erfolgt eine bewusste Entscheidung der eigenen Leistungsreduzierung in der Gruppe. Diese bewusste Entscheidung wird häufig dann getroffen, wenn das Gruppenmitglied der Meinung ist, dass die Leistung der anderen Gruppenmitglieder zum Erreichen des Gruppenziels ausreicht.[27]

3.1.4.3 Sucker

Der „Sucker"- Effekt („nicht der Dumme sein wollen") erfolgt ebenfalls durch eine bewusste Entscheidung der eigenen Leistungsreduzierung in der Gruppe. Die Entscheidung wird auf der Grundlage einer Vermutung getroffen, die den anderen Gruppenmitgliedern unterstellt, dass sie Trittbrettfahrer sind. Eigene Leistungsanstrengungen werden zurückgehalten, um sich selbst nicht als „der Dumme, der die Arbeit macht" zu empfinden.[28]

3.1.5 Streit versus vorschnelle Einigung

Eine kritische und zugleich freundliche Diskussion zu führen scheint in der Praxis eine Herausforderung für Mitglieder einer Gruppe zu sein. Nach Festinger und Heider geht man davon aus, dass der Grad der Sympathie durch die Ähnlichkeiten geteilter Meinungen beeinflusst wird. Dies gilt auch umgekehrt: je höher die Sympathie umso eher ist der Einzelne bereit seine Meinung der Diskussion anzugleichen, was wiederum Gruppendenken oder z.B. auch den „Hidden-Profile-Effekt"[29] hervorbringen kann.

----

26 Vgl. Weinert, Ansfried B. (2004), S. 435-436

27 Vgl. Kerr, N.L. & Bruun, S.E. (1983), S. 78-94

28 Vgl. Rosenstiel, Lutz von/Molt, Walter/ Rüttinger, Bruno (2005), S. 139

29 Vgl. Scholl, W. (2005), S.48-49: „Hidden- Profile- Effekt" (Strasser & Titus, 1987): Informationen werden erst gar nicht in die Gruppe eingebracht, sondern zurückgehalten

Untersuchungen von Scholl konnten seine damalige Hypothese bestätigen: „Kognitive, affektive und konative Übereinstimmungen beeinflussen sich wechselseitig positiv."[30] Denkbar ist für ihn auch der Umkehrschluss, dass die Gruppe aufgrund mäßiger kognitiver Übereinstimmung in der kontroversen Diskussion eine Abschwächung auf Sympathie und Kooperationsbereitschaft erlebt, die in eine unproduktive Diskussion, ggf. sogar in Streit ausartet.

3.1.6 Phasen der Teambildung

Tuckman stellte bereits 1965 ein Modell der vier Phasen der Gruppenbildung vor. Er nannte die Phasen „Forming", „Storming", „Norming" und „Performing".[31] Francis und Young veröffentlichten 1989 die Teamentwicklungsuhr, die ebenfalls in vier Entwicklungsphasen eingeteilt ist: die Testphase, die Nahkampfphase, die Organisationsphase und die Verschmelzungsphase.[32] Beide Modelle sehen vor den Phasen der Leistungserbringung in Teams oder Gruppen zuerst einmal zwei bis drei entscheidende Vorentwicklungsstadien, die bei der Planung und Einführung von Teamarbeit berücksichtigt werden müssen und dies betrifft sowohl den Zeitaufwand als auch die Effizienz und Effektivität einer Gruppe. Beim „Forming" bzw. der „Testphase" lernen sich die Gruppenmitglieder kennen. Die Mitglieder sind höflich, unpersönlich und verhalten sich noch zurückhaltend. Die „Storming" oder „Nahkampfphase" ist die Phase, in der sich entscheidet, ob das Team sich erfolgreich zusammen raufen wird oder aufgrund hochkommender Konflikte in Cliquen auseinander fallen wird: gruppendynamische Prozesse sind in dieser Entwicklungsphase an der Tagesordnung. In der „Norming" oder „Organisationsphase" beginnt das Team sich über Standpunkte auf sachlicher Ebene auseinander zu setzen und entwickelt Spielregeln der Zusammenarbeit. Um zur produktiven Phase („Performing" oder „Verschmelzungsphase") zu gelangen, hat das Team durch alle vorher genannten drei Phasen einen Reifeprozess durchschritten, der ohne Unterstützung von gezielten Personalentwicklungsmethoden und Techniken, die in ein umfassendes Organisationsentwicklungskonzept eingebunden werden müssen, auch als un-produktiv, frustrierend und demotivierend erlebt werden kann.[33]

---

30 Scholl, W. (2005), S.48

31 Vgl. Rosenstiel, Lutz von/Molt, Walter/ Rüttinger, Bruno (2005), S. 134

32 Vgl. Großer, M./ Zarembar, W. (2000), S. 87

33 Vgl. Stürzl, W. (2001), S. 121

3.1.7 Gruppendauer

Im Zusammenhang mit den Phasen der Gruppenbildung nach Tuckmann und den Lebenszyklen von Gruppen haben Untersuchungen von Katz[34], sowie Katz und Allen[35] eine „weitere" Phase der Gruppenbildung herausgefunden: die Phase des Verlustes an Leistungsfähigkeit und Innovationskraft in der Gruppe in Abhängigkeit der Gruppendauer. In ihren Untersuchungen mit Projektgruppen kamen sie zu dem Ergebnis, dass nach eineinhalb, spätestens nach vier Jahren die Leistungs- und Innovationskraft der untersuchten Projektgruppen gemessen an verschiedenen Erfolgsindikatoren drastisch zurückgegangen ist.[36]

3.2 Erfolgsfaktoren

> „Der Grund, warum man von Teamarbeit bessere Lösungen erwartet als von Einzelarbeit, liegt darin, dass angenommen wird, dass Gruppen über mehr relevante Informationen und problemrelevantes Wissen verfügen als jedes der einzelnen potenziellen Gruppenmitglieder."[37]

Eine von Jetter im Jahr 2000 durchgeführte Befragung unter 100 Führungskräften hinsichtlich der Ausrichtung auf die Vorteile von Teamarbeit, ergab zusammenfassend, dass Teamarbeit zu schnelleren, qualitativ besseren und somit wirtschaftlicheren Ergebnissen mit einer größeren Akzeptanz und einer höheren Mitarbeitermotivation führt, die auf einer besseren Wissensbasis und einer klaren, gemeinsam verantwortlichen Ausrichtung basiert.[38]

3.2.1 Lernen und Wandel

Die Grundvoraussetzung für den Erfolg eines Teams ist die Fähigkeit, über soziales Lernen zu einem Team zusammen zu wachsen. Dieser Lernprozess kann für die Organisation zum Wettbewerbsfaktor (Stichwort: „lernende Organisation") werden und dafür sorgen, dass die Teamleistung tatsächlich höher als die Leistung der jeweiligen Einzelkämpfer sein wird.[39] Hinzu kommt der Vorteil, dass Veränderungsprozesse in Gruppen als weniger beängstigend empfunden werden und der Wandel innerhalb der Organisation sich schneller vollziehen kann.[40]

----

34 Vgl. Katz, R.(1982), S. 81-104

35 Vgl. Katz, R. & Allen, T. (1982), S. 7-19

36 Vgl. Rosenstiel, Lutz von/Molt, Walter/ Rüttinger, Bruno (2005), S. 134

37 Scholl, W. (2005), S.44

38 Vgl. Stürzl, W. (2001), S. 11

39 Vgl. Stürzl, W. (2001), S. 91

40 Vgl. Zink, K., Fischer, K., Maxeiner, T. (2008), S. 40-41

3.2.2 Kooperation

Laborexperimente zeigten, dass kooperative Intentionen zu einer höheren Effektivität der Gruppe führten, als konkurrierende oder individualisierende Intentionen. Je größer die Kooperationsbereitschaft, umso größer ist der Wissenszuwachs und die Handlungsfähigkeit. Geteilte Ziele, das Wahrnehmen einer gemeinsamen Aufgabe, gemeinsame Belohnungen als auch die Zusammensetzung des Teams mit Menschen, die eine generalisierte Kooperationsbereitschaft haben, können diesen Erfolgsfaktor für Teamarbeit sichern. [41]

3.2.3 „Wir- Gefühl"

Das „Wir- Gefühl" bezeichnet einen Entwicklungsprozess innerhalb von Teams, indem sich Teammitglieder selbst als Team wahrnehmen und auch so bezeichnen. Dieser Entwicklungsprozess benötigt unterschiedliche Voraussetzungen, wie z.B. die Dauer des Zusammenseins, überschaubare Zahl an Teammitgliedern, direkte Interaktionen, bestimmte Kohäsion, eine gemeinsame Aufgabe, gemeinsame Normen usw. Die zwischenmenschliche Sympathie steigt durch dieses „Wir- Erlebnis". Homans stellte bereits 1950 fest, dass die zwischenmenschliche Sympathie proportional zur Anzahl der Kontakte steigt. Auch wahrgenommene Ähnlichkeiten zwischen den Teammitgliedern begünstigen die Sympathie und Kontaktbereitschaft, als auch die Entwicklung des „Wir- Gefühls" [42]

3.2.4 Goal Setting

Pritchard et al. zeigten bei technischen Wartungsteams (US Air Force) eine Verbesserung der Leistung um 75 % durch die Einführung von Goal Setting (=Ziele und Zielqualität vereinbaren) und Feedback auf Gruppenebene. Dieses Ergebnis wurde später durch die Meta- Analyse von O`Leary- Kelly et al. bestätigt, die 1994 nach einer Auswertung von 29 Untersuchungen zu dem Schluss kommen, dass auf Teamebene ein starker Goal Setting Effekt (d.h. gesteigertes Engagement) besteht. [43]

3.2.5 Innovation

„Teamarbeit hat einen signifikant positiven Effekt auf den Erfolg von Innovatio-

----

41 Vgl. Scholl, W. (2005), S.42-43
42 Vgl. Rosenstiel, Lutz von/Molt, Walter/ Rüttinger, Bruno (2005), S. 125-128
43 Vgl. Högl M/ Gemünden, H.G. (1999), S.110

nen."[44] Verschiedenste Studien an bereichsübergreifenden Teamstrukturen bestätigen die Bedeutung der Teamarbeit für den Innovationserfolg eines Unternehmens.[45]

3.2.6 Autonomie

Seers et al. verglichen selbst steuernde Teams mit traditionell geführten Teams und stellten fest, dass ein höherer Grad an Autonomie eine höhere Ausgewogenheit der Mitgliederbeiträge als auch bessere Teamleistungen hervorbrachte.[46] In verschiedenen anderen Meta- Analysen wurde dies bestätigt. Ein höherer Grad an Autonomie bringt dagegen im Hinblick auf Arbeitszufriedenheit, Verpflichtung oder Rate der Abwesenheit vom Arbeitsplatz keine signifikanten Verbesserungen.[47]

3.2.7 Führung

Der Führungsstil einer Organisation unterliegt mit dem Prozess der Teamentwicklung einem Wandel: Einflussnahme statt Machtausübung. Durch Ziel und Interessensklärung innerhalb des Teams kann die Kooperationsbereitschaft eines Teams so weit entwickelt werden, dass Machtausübung unnötig wird und eine hohe Handlungsfähigkeit erreicht werden kann. Machtausübung behindert den Wissenszuwachs, während Einflussnahme ihn fördert."[48]

3.2.8 Synergie und Arbeitszufriedenheit

Team- bzw. Gruppenarbeit als Modell arbeitsorganisatorischer Gestaltung ist auf den so genannten „Gruppenvorteil" ausgerichtet. Entscheidungen werden nicht angeordnet, sondern basieren auf einer finalen Gruppenentscheidung, die gemeinsam erarbeitet wird und sich durch eine höhere Identifikation und Akzeptanz auszeichnet.

> „Viele Studien belegen eine ansteigende Motivation und Arbeitszufriedenheit in Teams, eine durch positive Synergie erzeugte Erhöhung der Produktivität, die Erweiterung von Fähigkeiten und Fertigkeiten, eine Verbesserung der Kommunikation..., mehr Bindung an die Organisationsziele und einen stärkeren Fokus auf Prozesse statt auf Funktionen (dadurch Erhöhung der Organisationsflexibilität)."49

----

44 Gemünden, H.G./Högl M. (1998), S.6

45 Ebd., S. 3-6

46 Vgl. Gemünden, H.G./Högl M. (1998), S.15

47 Vgl. Weinert, Ansfried B. (2004), S. 444-445

48 Vgl. Scholl, W. (2005), S.52-53

49 Weinert, Ansfried B. (2004), S. 449

3.2.9 Intensive, kontroverse Diskussion

Einen Erfolgsfaktor von Teamarbeit sieht man in der Diskussionsausführlichkeit, die die Wahrscheinlichkeit erhöht, auch ungeteilte, zurückgehaltene Informationen auszutauschen. Das Kommunikationsausmaß erhöht die Effektivität der Teamarbeit. Dies gilt auch für den Meinungsaustausch mit Personen außerhalb des Teams, der zusätzlich erfolgen sollte.[50]

3.2.10 Motivationsförderliche Effekte

Bei den Untersuchungen der Leistungsvor- bzw. Nachteile von Team- bzw. Gruppenarbeit stellte man verschiedene Motivationseffekte fest, die die Leistung positiv beeinflussen können. Förderliche Effekte auf die Motivation können z.B. durch nachfolgende Phänomene ausgelöst werden:

3.2.10.1   Social Facilitation (Soziale Förderung)

Tripplit entdeckte schon im Jahr 1887, dass Kinder in Gegenwart anderer eine Tätigkeit (in seiner Beobachtungssituation war es das Aufrollen einer Leine) schneller erledigten als in einer Situation, in der sie unbeobachtet sind. Green ergänzte die Beobachtungen Tripplit´s mit unterschiedlichsten, motivationalen Gründen, die in Gruppensituationen im Vergleich zu Einzelsituationen zu einer Leistungssteigerung führen können, wie z.B. höhere Aktivierung durch Selbstdarstellung, Geltungsstreben oder Rivalität.[51]

3.2.10.2   Social Compensation (Soziale Kompensation)

Williams und Karau erläuterten anhand des „Social Compensation"- Effekts ihre Beobachtungen über Gruppenmitglieder einer Gruppe, die sich ganz besonders einbringen und eine Leistungsanstrengung zeigen. Dieses Verhalten geschieht obwohl oder weil die anderen Gruppenmitglieder keinen nennenswerten Leistungsbeitrag zum Gruppenerfolg erbringen und kann aus unterschiedlichsten, motivationalen Gründen heraus erfolgen: z.B. identifiziert sich das Gruppenmitglied besonders stark mit der Gruppe und dem Gruppenergebnis, möchte aufgrund von Geltungsbedürfnis sich mit seinem Beitrag von der Gruppe abheben, oder aber möchte schwächere Gruppenmitglieder schützen und entlasten.[52]

----

50 Vgl. Scholl, W. (2005), S.46

51 Vgl. Rosenstiel, Lutz von/Molt, Walter/ Rüttinger, Bruno (2005), S. 139

52 Williams, K.D. & Karau, S.J. (1991), S 570 – 581

3.3 „Sowohl als auch" Faktoren

Eine detaillierte Erläuterung der Faktoren, die je nach Konstellation sowohl Erfolgsfaktoren als auch Risiken für die Organisation und die Teamarbeit mit sich bringen können, wird unter diesem Gliederungspunkt nicht mehr gegeben, da es den Umfang der vorgegebenen Seitenzahl sprengen würde. Nachfolgend werden diese Faktoren aufgezählt, aber nicht mehr erläutert (weitere Informationen können auf Nachfrage zur Verfügung gestellt werden). Kriterien, die aufgrund empirischer Studien und wissenschaftlicher Annahmen unter bestimmten Voraussetzungen und Konstellationen sowohl Erfolgsfaktoren als auch Stolpersteine für die Teamarbeit und Teams darstellen können, sind:

Gruppengröße, Wissenszuwachs, Handlungsfähigkeit, Heterogenität im Wissens- und Fähigkeitsstand, Diversität, Gruppenkohäsion, Gruppennormen, individuelle Leistungsfähigkeit eines Teammitgliedes, Teamzusammensetzung, Kommunikation und Offenheit, Aufgabenkoordination, Mitgliederbeiträge (und ihre Aus- oder Unausgeglichenheit), Kooperation und Wettbewerb, hierarchische Strukturen, Rollen und die „Gruppenleistung" und ihre Abhängigkeitsfaktoren.

4 Fazit und Schlussfolgerung

> „Wir sind zur Zusammenarbeit genau so geboren wie unsere Füße, Hände,
> Augenlider und unsere Ober- und Unterkiefer". (Marc Aurel)[53]

Diese Aussage beschreibt, was Organisationen und Teams in der Praxis anstreben: einen reifen, reibungslosen, produktiven und integrierten Zustand des Miteinanders, um ein gemeinsames Arbeiten und Lernen an gemeinsamen Zielausrichtungen zu optimieren, bestenfalls noch gekoppelt mit einem gemeinsamen Flow- Erlebnis. Die Fragestellung „Teams: Erfolgsfaktor oder Stolperstein" ist eine Frage, die nach allen, in dieser Arbeit aufgeführten Faktoren, nicht eindeutig beantwortet werden kann. Vielmehr sind Teams und Gruppenarbeit in der organisatorischen Realität eine nicht mehr weg zu diskutierende, etablierte Größe. Ob diese Arbeitsform jedoch trotz der bereits entwickelten Interventions- und Lerntechniken in einer optimalen Performance für Organisationen zur Verfügung steht, bezweifle ich aufgrund meiner Erfahrungen und Beobachtungen (bisher ein Hochleistungsteam in 15 Jahren Berufspraxis erlebt). Die Bestrebungen der Unternehmen, aus ihren Teams oder Gruppen durch Teamentwicklungsmaßnahmen, Spitzenteams zu formen sind Entwicklungsbestrebungen, die meines Erachtens nach den Hebel des

---

53 Weinert, Ansfried B. (2004), S. 389

Miteinander- Lernens und Arbeitens verspätet in der Entwicklungsgeschichte der Teammitglieder ansetzen. Bei einem frühzeitig (von Kindesalter an) einsetzendem Lernprozess in Bezug auf Teamfähigkeiten müssten viele der beschriebenen Stolpersteine (z.B. Groupthink, Social Loafing, Groupshift etc.) als auch gegensteuernde Interventionsmethoden und Techniken (z.B. Brainstorming, Brainwriting etc.) nicht mehr als Diskussionsgrundlage herangezogen werden. Menschen, die bereits von klein auf Wertschätzung, Miteinander und Kooperation, unterstützende, gruppendynamische Prozesse, den heilsamen Einsatz ihrer eigenen Stärke und der Stärke des anderen, das Wissen um Talente und Gaben (ihrer eigenen und der von anderen) als auch Selbstreflexion und dialogorientierte Kommunikation erlernt und integriert haben, sind Leistungsträger in einem Team, weil sie den Teamgedanken nicht mehr erlernen müssen, sondern als Naturgegebenheit in sich tragen.

Von Natur aus ist die Substanz für Spitzenleistungen, die uns miteinander vernetzt und verbindet und uns zu Höchstleistungen individueller und teamorientierter Art bringt, eine Substanz, deren Gestaltungskraft Menschen oftmals nur in einem außerberuflichen Kontext bewusst erleben und einsetzen: Liebe. Denn Hochleistungsteams lieben das was sie tun, trotz stressiger Turbulenzen und eine meiner Annahmen (auch aufgrund meiner Beobachtungen in der Praxis) ist, dass sie mehr als Sympathie für ihre Teammitglieder und die jeweilige Aufgabe teilen.

Kann ein entscheidender Faktor für Teamerfolg auf einer Schwingungsebene des Lernens sein, die noch niemand in diesem Zusammenhang wissenschaftlich in Verbindung gebracht und untersucht hat?

Für die Personalentwicklung und auch für die Organisationsentwicklung würde eine Bestätigung dieser Hypothese ein neues Lern- und Gestaltungsfeld eröffnen, welches möglicherweise zu der Transformationskraft führen könnte, die aufgrund ökonomischer Gesichtspunkte im Humanfaktor Mensch geweckt werden soll.

Literaturverzeichnis

Conrad, P./Trummer, M. (2004): Praxisbeispiele der Mitarbeiterführung, Studienbrief im Rahmen des Fernstudiengangs Personalentwicklung, TU Kaiserslautern

Flowers, M.L. (1977). A laboratory test of some implications of Janis´ groupthink hypothesis. Journal of Personality and Social Psychology

Francis, D./ Young, D (1989).: Mehr Erfolg im Team. Hamburg

Gaitanides M./Stock R. (2004): Interorganisationale Teams, in Högl M./ Gemünden, H.G. (2005): Management von Teams, Wiesbaden

Gemünden, H.G./Högl M.(1998): Teamarbeit in innovativen Projekten, in: Högl M./ Gemünden, H.G. (2005): Management von Teams, Wiesbaden

Großer, M/ Zarembar, W. (2000): Outdoor für Indoors, Augsburg

Guzzo, R.A. (1996): Fundamental considerations about work groups. In: west, M.A. (Hrsg.): Handbook of work group psychology. Chichester

Högl M./ Gemünden, H.G. (2005): Management von Teams, Wiesbaden

Högl M./ Gemünden, H.G./.(1999): Teamarbeit in Innovationsprojekten, in: Högl M./ Gemünden, H.G. (2005): Management von Teams, Wiesbaden

Janis, I.L. & Mann, L. (1977). Decision making. New York: The Free Press.

Janis, I.L. (1972). Victims of groupthink. A psychological study of foreign policy decisions and fiascos. Boston, MA: Houghton Mifflin

Katz, R.(1982). The effects of group longevity on project communication and performance. Administrative Science Quarterly, 27

Katz, R. & Allen, T. (1982). Investigation the Not Invented Here (NIH) Syndrome: a look at the performance, tenure and communication patterns of 50 R & D project groups. R&D Management, 12

Kerr, N.L. & Bruun, S.E. (1983). Dispensability of members effort and group motivation losses: Free-rider effects. Journal of Personality and Social Psychology, 44

Lamm, H. (1988). A review of our research on group polarization: Eleven experiments on the effects of group decision on risk acceptance, probability estimation, and negotiation positions. Psychological Report, 62

Rosenstiel, Lutz von/Molt, Walter/ Rüttinger, Bruno (2005): Organisationspsychologie, Stuttgart

Salas, E./Dickinson, T.L./Converse, S.A./Tannebaum, S.I. (1992): Toward an understanding of team performance and training. In: Swezey, R.W.; Salas, E. (Hrsg.): Teams: Their training and performance. Norwood, New Jersey

Scholl, W.: Grundprobleme der Teamarbeit und ihre Bewältigung, in: Högl M./ Gemünden, H.G. (2005): Management von Teams, Wiesbaden

Stürzl, W. (2001): Potenzialförderung durch Teamaktivitäten und Interventionstechniken, Studienbrief im Rahmen des Fernstudiengangs Personalentwicklung, TU Kaiserslautern

Tetlock, P.E./Peterson, R.S./McGuire, C./Chang, S.& Feld, P. (1992). Assessing political group dynamics:A test of the groupthink model. Journal of Personality and Social Psychology, 63

Weinert, Ansfried B. (2004): Organisations- und Personalpsychologie; 5. vollständig überarbeitete Auflage, Göttingen

Williams, K.D. & Karau, S.J. (1991). Social loafing and social compenasation: The effects of expectations of co-worker performance. Journal of Personality and Social Psychology, 61

Zink, K./Fischer, K./ Maxeiner, T.(2008): Change Management, Studienbrief im Rahmen des Fernstudiengangs Personalentwicklung, TU Kaiserslautern

BEI GRIN MACHT SICH IHR WISSEN BEZAHLT

- Wir veröffentlichen Ihre Hausarbeit,
  Bachelor- und Masterarbeit

- Ihr eigenes eBook und Buch -
  weltweit in allen wichtigen Shops

- Verdienen Sie an jedem Verkauf

Jetzt bei www.GRIN.com hochladen und kostenlos publizieren